Santa Filomena

Elam de Almeida Pimentel

Santa Filomena

Invocada por estudantes na ocasião de exames e para pedir uma graça num momento de dificuldade familiar

Novena e ladainha

EDITORA VOZES

Petrópolis

© 2010, Editora Vozes Ltda.
Rua Frei Luís, 100
25689-900 Petrópolis, RJ
www.vozes.com.br
Brasil

3ª edição, 2013.

2ª reimpressão, 2022.

Todos os direitos reservados. Nenhuma parte desta obra poderá ser reproduzida ou transmitida por qualquer forma e/ou quaisquer meios (eletrônico ou mecânico, incluindo fotocópia e gravação) ou arquivada em qualquer sistema ou banco de dados sem permissão escrita da editora.

CONSELHO EDITORIAL

Diretor
Gilberto Gonçalves Garcia

Editores
Aline dos Santos Carneiro
Edrian Josué Pasini
Marilac Loraine Oleniki
Welder Lancieri Marchini

Conselheiros
Francisco Morás
Ludovico Garmus
Teobaldo Heidemann
Volney J. Berkenbrock

Secretário executivo
Leonardo A.R.T. dos Santos

Editoração: Fernando Sergio Olivetti da Rocha
Diagramação: AG.SR Desenv. Gráfico
Capa: Omar Santos

ISBN 978-85-326-3935-6

Este livro foi composto e impresso pela Editora Vozes Ltda.

Sumário

1. Apresentação, 6
2. Tradição sobre a vida de Santa Filomena, 8
3. Novena de Santa Filomena, 15

    1º dia, 15
    2º dia, 16
    3º dia, 17
    4º dia, 18
    5º dia, 18
    6º dia, 19
    7º dia, 20
    8º dia, 21
    9º dia, 22

4. Orações a Santa Filomena, 24
5. Cordão e coroinha de Santa Filomena, 28
6. Ladainha de Santa Filomena, 30

APRESENTAÇÃO

Santa Filomena foi uma princesinha grega, torturada e morta aos 13 anos de idade por Diocleciano, imperador de Roma, no 3º século da era cristã. Isso porque ela recusou-se a se casar com ele por ter feito votos de castidade aos 11 anos de idade, pretendendo dedicar sua vida exclusivamente a Jesus Cristo.

Nem o pedido dos seus pais, cujo reino estava ameaçado pelo exército do imperador, nem toda a tortura sofrida conseguiram fazê-la desistir de seus votos. Foi decapitada em 10 de agosto e seus restos mortais foram encontrados nas catacumbas de Santa Priscila, nos arredores de Roma, em 1802, e foram levados para Mugnano del Cardinali, perto de Nápolis, local onde ainda se encontram.

Santa Filomena foi chamada de Grande Taumaturga do século XIX, tantos foram os milagres por ela realizados. Muitos papas e santos foram devotos de Santa Filomena. Gregório XVI referia-se a Santa Filomena como "A grande santa", a "Taumaturga do século XIX" e mandou uma lâmpada de ouro e prata ao santuário dela, local onde o Papa Pio IX fez uma peregrinação após ser milagrosamente curado pela santa. Leão XIII fez duas peregrinações ao santuário e, mais tarde, como papa, mandou uma cruz para lá, além de indulgenciar e consagrar o cordão de Santa Filomena. Pio X enviou várias dádivas para o santuário, entre elas um anel de ouro, ornamentado com pedras preciosas.

Depois de ser curada milagrosamente, a venerável Pauline Jaricot insistiu para que o Papa Gregório XVI iniciasse o exame para a canonização de Santa Filomena, que já estava sendo conhecida como grande taumaturga. Gregório XVI, tendo recebido o parecer favorável da Sagrada Congregação dos Ritos à canonização de Santa Filomena, a elevou à honra dos altares, instituindo ofício próprio para o culto e festa, proclamando-a "A grande taumaturga do século XIX", Padroeira do Rosário Vivo e Padroeira dos Filhos de Maria.

Santa Filomena é invocada por estudantes na ocasião de provas e também para pedido de graça num momento familiar de dificuldades. Esta pequena obra contém a tradição, a novena, orações, a ladainha e algumas passagens bíblicas, seguidas de uma oração a Santa Filomena, acompanhada de um Pai-nosso, uma Ave-Maria e um Glória-ao-Pai.

Tradição sobre a vida de Santa Filomena

Santa Filomena era filha de um rei da Grécia, e sua mãe era também de descendência real. Como o rei e a rainha não tinham filhos, ofereciam sacrifícios e preces constantemente aos "deuses" para consegui-los. Púbio, médico do palácio, era cristão e falou ao casal da sua fé cristã, garantindo que as preces seriam ouvidas se o casal abandonasse os falsos deuses e abraçasse a religião cristã.

O casal seguiu as orientações cristãs do médico, resolveu receber o batismo e, no ano seguinte, em 10 de janeiro, nasceu uma menina, à qual chamaram de Lumena, por ter nascido à luz da fé. Foi batizada com o nome de Filomena, isto é, Filha da Luz.

Filomena, aos cinco anos de idade, recebeu a comunhão e manifestava sempre o desejo de manter uma íntima união com Deus. Aos 11 anos de idade fez votos de virgindade perpétua.

Filomena estava com 13 anos quando seu pai foi ameaçado de uma guerra pelo Imperador Diocleciano, obrigando-o a ir a Roma numa tentativa de paz. Acompanharam-no na viagem a esposa e a filha. Ao ver a princesinha, o imperador se encantou por ela e prometeu privilégios políticos e econômicos, desde que lhe fosse dada a princesinha por esposa. Seus pais sentiram-se aliviados, e de imediato concordaram com a proposta.

Em lágrimas, Filomena declarou aos pais que nada a impediria de cumprir sua promessa feita a Nosso Senhor Jesus Cristo, a quem se consagrara por voto de virgindade. Seus pais ficaram arrasados por saberem que a recusa da filha significaria a morte dela. O pai se valeu da autoridade paterna, dizendo que a forçaria a obedecer-lhe, mas Filomena permaneceu irredutível.

O imperador considerou a recusa da jovem como deslealdade ao império e ordenou que a trouxessem a sua presença. Os pais imploraram para que ela cedesse, que pensasse neles e no reino, e ela respondeu-lhes que o único reino pelo qual deveriam lutar era o Reino dos Céus e que lá os esperaria.

Chegando à presença do imperador, este, primeiro, usou todos os recursos possíveis para convencê-la a ser imperatriz de Roma. Mas, como seu esforço era inútil, enfureceu-se e ordenou que a encarcerassem nos subterrâneos do palácio. Ia visitá-la diariamente na prisão na tentativa de conquistá-la. Durante tais visitas, permitia que lhe tirassem as correntes e lhe dessem água e pão. Mas, sem conseguir fazer Filomena mudar de ideia, retirava-se, enfurecido, ordenando que lhe aumentassem as torturas.

Decorridos 37 dias em que estava na prisão, Nossa Senhora lhe apareceu aureolada por uma deslumbrante luz, trazendo em seus braços o Menino Jesus, e disse-lhe que, depois de mais três dias, iria ser retirada daquele cárcere, quando então teria que sofrer cruéis tormentos por amor ao seu Divino Filho. Tal aviso deixou a princesinha apavorada, no que foi encorajada com as seguintes palavras:

> Minha filha, tu me és mais querida, acima de todas, porque trazes o meu nome e o do meu Filho. Tu te chamas Lumena. Meu Filho, teu Esposo, chama-se Luz, Estrela, Sol. E eu me chamo Aurora, Estrela, Luz, Sol. Serei o teu amparo. Agora é o momento transitório da fraqueza e da humilhação humana. Quando chegar, porém, a hora extrema de teu julgamento, da tua decisão ante os horríveis tormentos que te serão impostos, receberás a graça da divina força. Além do teu anjo da guarda, terás a teu lado o Arcanjo São Gabriel, cujo nome significa a "Força do Senhor". Quando eu estava na Terra, era ele o meu protetor. Mandá-lo-ei agora àquela que é a minha mais querida filha.

Após esta visita, a jovem prisioneira ficou reanimada, disposta a sofrer os maiores tormentos por amor ao Divino Filho de Maria e, no cárcere, permaneceu um cheiro de perfume que perdurou enquanto Filomena lá esteve prisioneira.

Passados os três dias, cumpriu-se o que Nossa Senhora anunciara. O imperador, vendo-a firme nas suas decisões, mandou torturá-la publicamente. O primeiro suplício foram açoites, quando o corpo de Filomena ficou reduzido a uma única chaga e, quando já agonizante, foi atirada na prisão. Mas, quando Filomena achou que estava morrendo, apareceram-lhe dois anjos que ungiram seu corpo com um bálsamo, deixando-a completamente curada.

Na manhã seguinte, o imperador, ao tomar conhecimento de que Filomena estava bem, ordenou que a levassem à sua presença. Ao vê-la, procurou convencê-la de que fora o deus Júpiter que a havia curado para ser a imperatriz de Roma. Ela respondeu que este deus era uma estátua inerte e que o imperador deveria despertar e reconhecer o único Deus existente, Criador do Universo. Diocleciano, derrotado e com raiva, ordenou que lhe amarrassem uma âncora no pescoço e a lançassem no Rio Tibre. No momento em que isso acontecia, dois anjos apareceram, cortaram a corda que prendia a âncora e transportaram Filomena para a outra margem do rio, sem que as águas sequer as vestes lhe tocassem.

Este milagre, presenciado por muitas pessoas, inclusive pelos soldados que a lançaram no rio, levou muitos a se converterem ao cristianismo. O imperador a declarou "feiticeira" e ordenou que fosse arrastada pelas principais ruas da cidade e, depois, fosse transpassada por setas. Extremamente ferida, Filomena foi abandonada no cárcere e dormiu profundamente, despertando completamente curada.

O imperador ordenou que a flechassem ininterruptamente, até morrer realmente, mas nenhuma seta saiu dos arcos. Diocleciano determinou que as setas fossem colocadas numa fornalha e estas, em brasa, se voltavam contra os que as haviam lançado.

Com esses extraordinários prodígios, as conversões foram aumentando muito e o imperador, temendo maiores consequências, e já bastante confuso, ordenou que a princesa fosse decapitada. E, assim, Filomena faleceu às 15h do dia 10 de agosto.

Esse relato é baseado no livro *Revelações*, de Madre Maria Luíza de Jesus, fundadora da Ordem Religiosa das Irmãs da Imaculada e de Santa Filomena. Consta no livro que Irmã Maria Luíza recebeu várias "visitas" de Santa Filomena e que, em uma dessas visitas, contemplou um trono de nuvens muito alvas no céu, no qual estava sentada a Virgem Maria, com vestes de ouro e com um manto de estrelas. Na cabeça, uma coroa de ouro, cravejada de pedras preciosas. A seguir, viu uma dama de honra, retirando da própria cabeça uma coroa de ouro, aproximar-se da Virgem Santíssima e, ajoelhando, suplicou: "Senhora do céu e da terra, venho pedir-vos graças". E apresentou-lhe algumas dezenas de graças para diversas pessoas. Estendendo-lhe as mãos, Nossa Senhora respondeu-lhe: "À Filomena nada se nega; sejam-lhe concedidas todas as graças".

A irmã relata também ter visto, ao lado de Nossa Senhora, o Arcanjo São Gabriel segurando uma pena de ouro, com a qual, em letras igualmente de ouro, escreveu: "Sejam concedidas as súplicas apresentadas por Filomena". A seguir, Santa Filomena, sorrindo, ergueu-se com reverência e, dirigindo-se à irmã, disse-lhe: "Vês, peço as graças a Maria e por ela me são concedidas".

Padre Vianney, o Santo Cura d'Ars, referia-se a Santa Filomena dizendo: "Ela é a Princesa do Paraíso, a quem nada é negado. É grande seu poder junto dos tronos de Jesus e de Maria. Tenham confiança nela".

Em maio de 1802, os ossos de uma mulher, com idade entre 13 e 15 anos, foram descobertos no cemitério de Santa Priscila, nas escavações das catacumbas em Roma. Uma inscrição próxima ao túmulo dizia: "A paz esteja contigo, Filomena". O caixão tinha o entalhe de uma palma, três flechas, uma âncora, um chicote e um lírio, indicando, segundo a tradição, a forma de seu martírio e morte. Dentro do caixão, um pequeno frasco com um líquido vermelho ressequido. Estas relíquias foram transferidas para a Igreja de Nossa Senhora das Graças, em Nápolis. E, ali, muitas graças e milagres foram alcançados por intercessão de Filomena.

No reinado do Papa Pio VII, quando foram encontradas as prováveis relíquias de Santa Filomena, o Padre Francisco de Lúcio, da cidade de Mugnano (Itália), desejava ter as relíquias de um santo em sua paróquia e foi à Santa Sé, em Roma, para solicitá-las. Quando ele estava na Capela do Tesouro (onde ficavam as sagradas relíquias), dentre tantas, apenas três possuíam nomes: um adulto, uma criança e Santa Filomena. Quando ajoelhou-se diante das relíquias de Santa Filomena, sentiu-se possuído de uma alegria espiritual jamais experimentada. Sentiu também um incontrolável desejo de levar aquelas relíquias para sua igreja em Mugnano. Terminada essa visita, dirigiu-se ao bispo e ficou sabendo que precisaria de uma graça muito especial ou talvez de um milagre para a Santa Sé poder confiar relíquias a um sacerdote, principalmente por se tratar de relíquias de uma mártir, cujo nome já era conhecido.

Tendo ficado gravemente enfermo, Padre Francisco recorreu a Filomena, prometendo torná-la padroeira e levar suas relíquias para Mugnano caso obtivesse autorização. Curado milagrosamente, retornou à Santa Sé narrando a graça alcançada, e obteve a permissão para levar as relíquias de Santa Filomena para Mugnano. Lá começaram a acontecer milagres, e a popularidade de Santa Filomena se espalhou. Muitos papas foram devotos de Santa Filomena; entretanto, as referências dos estudos das catacumbas mostraram que a sepultura de Santa Filomena havia sido utilizada, ao longo dos séculos, para abrigar outros mártires. Diante dessa conclusão a Igreja, durante a reforma universal dos ritos litúrgicos em 1961, suprimiu-a do calendário. Mas os reconhecimentos oficiais dos milagres por intercessão de Santa Filomena, o grande número de fiéis e peregrinos, inclusive a devoção de papas, continuaram dando vida à celebração de Santa Filomena.

NOVENA DE SANTA FILOMENA

1º dia

Iniciemos com fé este primeiro dia de nossa novena, invocando a presença da Santíssima Trindade: em nome do Pai, do Filho e do Espírito Santo. Amém.

Leitura bíblica: Sl 25,15

> Meus olhos estão sempre fixados no Senhor, pois Ele tirará da rede meus pés.

Reflexão

Pensemos no sofrimento de Santa Filomena, no seu martírio. Ela sofreu até a morte com total confiança em Deus, mostrando uma paciência insuperável e confessando sempre sua fé em Deus. Procuremos, como Santa Filomena, confiar e, assim, nos momentos difíceis de nossas vidas, vamos lembrar que Deus está conosco em todos os momentos.

Oração

Gloriosa Santa Filomena, ajudai-me a ter, cada vez mais, fé em Deus e, humildemente, imploro que me obtenhais a graça (mencionar o pedido) de que tanto necessito.

Pai-nosso.

Ave-Maria.

Glória-ao-Pai.

Santa Filomena, intercedei por nós!

2º dia

Iniciemos com fé este segundo dia de nossa novena, invocando a presença da Santíssima Trindade: em nome do Pai, do Filho e do Espírito Santo. Amém.

Leitura do Evangelho: Mt 10,37

> Quem ama o pai ou a mãe mais do que a mim não é digno de mim. E quem ama o filho ou a filha mais do que a mim não é digno de mim. E quem não toma a sua cruz e não me segue não é digno de mim. Quem procura a sua vida há de perdê-la, e quem perde a sua vida por amor de mim há de encontrá-la.

Reflexão

Santa Filomena não hesitou – amou a Deus acima de todos. Aceitou a sua cruz, seus sofrimentos físicos, sabendo que, mesmo nas dores, Deus nos socorre, teve força e fé em Deus, amando-o acima de tudo e de todos. Vamos rezar pedindo a Santa Filomena muita força e fé perante as intempéries da vida.

Oração

Querida Santa Filomena, ajudai-me a ter uma verdadeira fé em Deus, podendo sentir o amparo divino nos momentos de desânimo e desespero. Santa Filomena, peço a vós vossa intercessão nesse momento difícil de minha vida... (pedido da graça a ser alcançada).

Pai-nosso.

Ave-Maria.

Glória-ao-Pai.

Santa Filomena, intercedei por nós!

3º dia

Iniciemos com fé este terceiro dia de nossa novena, invocando a presença da Santíssima Trindade: em nome do Pai, do Filho e do Espírito Santo. Amém.

Leitura bíblica: Sl 148,13

> Que eles louvem o nome do Senhor, pois seu nome é o único que é sublime! Sua majestade, sobre o céu e a terra, suscita o vigor de seu povo, o louvor de todos os seus fiéis.

Reflexão

O salmista louva o Criador e pede que todos, tanto do mundo racional quanto irracional e espiritual, glorifiquem a Deus, o único que é grande, cheio de força e poder. Santa Filomena assim fez, deixou sua vida ser gerenciada por Deus, amando-o acima de tudo.

Oração

Amada Santa Filomena, semelhante a vós, quero louvar e bendizer a Deus sobre todas as coisas e criaturas. A vós suplico, com toda fé, que me ajudeis a alcançar a graça... (fala-se a graça) de que tanto necessito.

Pai-nosso.

Ave-Maria.

Glória-ao-Pai.

Santa Filomena, intercedei por nós!

4º dia

Iniciemos com fé este quarto dia de nossa novena, invocando a presença da Santíssima Trindade: em nome do Pai, do Filho e do Espírito Santo. Amém.

Leitura do Evangelho: Jo 4,48
> Jesus lhes disse: "Se não virdes sinais e prodígios, não acreditareis".

Reflexão

Devemos acreditar em Jesus em qualquer circunstância, mesmo sem ver sinais e prodígios. Ter fé, esperança em Deus, pois Ele sabe o que necessitamos antes mesmo de pedirmos.

Oração

Santa Filomena, virgem e mártir, socorrei-me. Afastai para longe de... (dizer o próprio nome ou o da pessoa para quem se está fazendo a novena) as doenças, perseguições, maus espíritos. Pedimos sua intercessão para o alcance da graça... (fazer o pedido).

Pai-nosso.

Ave-Maria.

Glória-ao-Pai.

Santa Filomena, intercedei por nós!

5º dia

Iniciemos com fé este quinto dia de nossa novena, invocando a presença da Santíssima Trindade: em nome do Pai, do Filho e do Espírito Santo. Amém.

Leitura bíblica: Sl 139

Senhor, Tu me sondaste e me conheces: sabes quando me sento e quando me levanto, de longe percebes os meus pensamentos. Discernes minha caminhada e meu descanso e estás a par de todos os meus caminhos. A palavra ainda não chegou à minha boca, e Tu, Senhor, já a conheces toda. Tu me envolves por trás e pela frente, e pões sobre mim a tua mão. Tal conhecimento é para mim demasiado maravilhoso, tão elevado que não o posso atingir.

Reflexão

Deus conhece tudo sobre nós, está presente em toda parte. Dependemos de Deus, e longe dele não podemos ser felizes. Ele é a fonte de nossa felicidade. Seguindo o exemplo de Santa Filomena pensarei sempre em Deus, em qualquer situação de minha vida.

Oração

Santa Filomena, obrigado(a) por me ajudar a reconhecer a presença de Deus em minha vida, mesmo quando sofro. Santa Filomena, neste momento especial de minha vida, peço vossa intervenção para que... (fazer o pedido).

Pai-nosso.
Ave-Maria.
Glória-ao-Pai.
Santa Filomena, intercedei por nós!

6º dia

Iniciemos com fé este sexto dia de nossa novena, invocando a presença da Santíssima Trindade: em nome do Pai, do Filho e do Espírito Santo. Amém.

Leitura bíblica: Sl 34,12

> Bendirei o Senhor em todo tempo, o seu louvor estará sempre nos meus lábios. A minha alma se gloria no Senhor; escutem-me os humildes e se alegrem: Engrandecei comigo o Senhor e exaltemos juntos o seu nome! Procurei o Senhor e Ele me respondeu; livrou-me de todos os meus temores.

Reflexão

A devoção e o desejo de amar a Deus sobre todas as coisas nos leva a perceber a presença dele em todos os momentos de nossa existência. A confiança em Deus nos ajuda a ter força e coragem para enfrentar as dificuldades.

Oração

Santa Filomena, ajudai-me a ser forte na fé, na esperança, no amor a Deus, e alcançai-me a graça que neste momento vos suplico... (fazer o pedido).

Pai-nosso.
Ave-Maria.
Glória-ao-Pai.
Santa Filomena, intercedei por nós!

7º dia

Iniciemos com fé este sétimo dia de nossa novena, invocando a presença da Santíssima Trindade: em nome do Pai, do Filho e do Espírito Santo. Amém.

Leitura bíblica: Rm 8,35-39

> Quem nos separará do amor de Cristo? O sofrimento, a angústia, a perseguição, a fo-

me, a nudez, o perigo, a espada? Realmente está escrito: "Por tua causa somos entregues à morte todo dia, fomos considerados como ovelhas destinadas ao matadouro. Mas, em tudo isso vencemos por Aquele que nos amou. Pois estou persuadido de que nem a morte, nem a vida, nem os anjos, nem os poderes celestiais, nem o presente, nem o futuro, nem as forças cósmicas, nem a altura, nem a profundeza, nenhuma outra criatura poderá separar-nos do amor de Deus manifestado em Jesus Cristo, nosso Senhor.

Reflexão

Nosso destino está nas mãos de Deus. Tudo passa na vida. Só Deus é permanente, e a certeza de que Ele nos ama nos faz suportar todos os obstáculos. Assim acreditava Santa Filomena e, semelhante a ela, vamos entregar nossas vidas a Jesus.

Oração

Deus, Pai de todos nós! Concedei-me, por intermédio de Santa Filomena, a graça de que tanto necessito... (fazer o pedido).

Pai-nosso.
Ave-Maria.
Glória-ao-Pai.
Santa Filomena, intercedei por nós!

8º dia

Iniciemos com fé este oitavo dia de nossa novena, invocando a presença da Santíssima Trindade: em nome do Pai, do Filho e do Espírito Santo. Amém.

Leitura do Evangelho: Jo 17,1-31

Jesus disse estas coisas e depois, levantando os olhos para o céu, acrescentou: "Pai, é chegada a hora. Glorifica teu Filho, para que o Filho te glorifique a ti. Pois lhe conferiste poder sobre toda criatura humana para que dê a vida eterna a todos aqueles que lhe deste. Ora, a vida eterna consiste em que conheçam a ti, único Deus verdadeiro, e a Jesus Cristo que enviaste".

Reflexão

Jesus é a Verdade, é a Luz, é o Caminho para a vida eterna. Ele manteve-se centrado em Deus, mesmo durante seu sofrimento e morte. Jesus nos chama para fazer o mesmo e Santa Filomena seguiu seu exemplo. Vamos nos dedicar cada vez mais a orar e a agradecer a Deus.

Oração

Ó gloriosa Santa Filomena, obrigado(a) por me ajudar a reconhecer a presença de Deus em minha vida. Vós que sois tão poderosa junto a Deus e a Nossa Senhora, intercedei por mim e alcançai-me a graça que vos peço... (fazer o pedido).

Pai-nosso.
Ave-Maria.
Glória-ao-Pai.
Santa Filomena, intercedei por nós!

9º dia

Iniciemos com fé este nono dia de nossa novena, invocando a presença da Santíssima Trindade: em nome do Pai, do Filho e do Espírito Santo. Amém.

Leitura bíblica: 1Jo 4,16

> Nós conhecemos o amor que Deus tem por nós, e nele acreditamos. Deus é amor, e quem permanece no amor permanece em Deus, e Deus nele.

Reflexão

Deus é compassivo, perdoa todos. O amor de Deus é maior que qualquer sofrimento que enfrentamos. Ele está conosco todos os dias. Amamos a Deus quando amamos os seus filhos e quando cumprimos os seus mandamentos. Santa Filomena amou a Deus acima de tudo e de todos.

Oração

Santa Filomena, obrigado(a) por nos ensinar que é possível ter um amor incondicional por Deus. Capacita-nos a oferecer amor e perdão àqueles que nos magoam. Ó Santa Filomena, pelo seu sangue derramado por amor a Jesus Cristo, alcançai-me a graça que a vós suplico... (fazer o pedido).

Pai-nosso.

Ave-Maria.

Glória-ao-Pai.

Santa Filomena, intercedei por nós!

4

Orações a Santa Filomena

Oração 1

Gloriosa virgem e mártir Santa Filomena, que do céu, onde reinais, vos comprazeis em fazer cair sobre a Terra benefícios sem conta, de todo o coração bendigo ao Senhor pelas graças que vos concedeu durante a vida, e sobretudo na hora de vossa morte.

Louvo-o e bendigo-o, também pela honra do poder de que Ele hoje vos coroa, e instante e humildemente imploro que me obtenhais de Deus as graças (mencionar a graça) que vos peço neste momento, por vossa poderosa intercessão.

Nós sabemos pedir, ensinai-nos a agradecer! Assim seja.

Oração 2

Ó gloriosa virgem e mártir Santa Filomena, poderosa intercessora daqueles que a vós, com fé e confiança, recorrem implorando o vosso auxílio e a vossa proteção. Olhai, amável santa, olhai as necessidades que afligem a nossa vida. Seja de ordem espiritual, como material. Afastai para longe de nós as doenças, perseguições, maus espíritos, desemprego, tentações, vícios e pecados. De modo particular, pedimos esta graça... (faça o pedido).

Oração 3

Ó gloriosa virgem e mártir Santa Filomena, que do céu, onde reinais, vos comprazeis em fazer cair sobre a Terra benefícios sem conta, eis-me aqui prostrado a vossos pés para implorar-vos socorro para minhas necessidades que tanto me afligem, vós que sois tão poderosa junto a Jesus, como provam os inumeráveis prodígios que se operam por toda parte onde sois invocada e honrada. Alegro-me ao ver-vos tão grande, tão pura, tão santa, tão gloriosamente recompensada no céu e na terra. Atraído por vossos exemplos à prática de sólidas virtudes e cheio de esperança à vista das recompensas concedidas aos vossos merecimentos, eu me proponho de vos imitar pela fuga do pecado e pelo perfeito cumprimento dos mandamentos do Senhor. Ajudai-me, pois, ó grande e poderosa santinha, nesta hora tão angustiante em que me encontro, alcançando-me a graça... (fazer o pedido) e, sobretudo, uma pureza inviolável, uma fortaleza capaz de resistir a todas as tentações, uma generosidade de que não recuse a Deus nenhum sacrifício e um amor forte como a morte pela fé em Jesus Cristo, uma grande devoção e amor a Maria Santíssima e ao Santo Padre, e ainda a graça de viver santamente a fé para um dia estar contigo no céu por toda a eternidade.

Pai-nosso.

Ave-Maria.

Glória-ao-Pai.

Santa Filomena, intercedei por nós!

Oração 4: Súplica a Santa Filomena

Prostrado aos vossos pés, ó grande e gloriosa Santa Filomena, venho apresentar-vos a minha fervorosa prece; acolhei-a benignamente e obtende-me as graças que me são necessárias.

Santa Filomena, rogai por mim.

Glória ao Pai, ao Filho e ao Espírito Santo. Assim como era no princípio e por todos os séculos. Amém.

Tenho o coração atribulado. Sinto fortes os golpes da dor. A desventura me oprime. Careço, pois, do vosso auxílio. Ajudai-me e ouvi a minha oração.

Santa Filomena, rogai por mim.

Glória ao Pai, ao Filho e ao Espírito Santo. Assim como era no princípio e por todos os séculos. Amém.

Fatigado e sem conforto, privado de esperança, só e oprimido pelas tribulações, espero ser de vós atendida.

Santa Filomena, rogai por mim.

Glória ao Pai, ao Filho e ao Espírito Santo. Assim como era no princípio e por todos os séculos. Amém.

Reconheço que foram os meus graves pecados a causa de tantas desventuras. Obtende-me de Jesus o perdão e abrasai-me ao seu santo amor.

Santa Filomena, rogai por mim.

Glória ao Pai, ao Filho e ao Espírito Santo. Assim como era no princípio e por todos os séculos, amém.

Volvei, ó Santa Filomena, um olhar sobre a minha casa e sobre a minha família, lançai um doce sorriso para os vossos fiéis devotos, e enxugai as lágrimas de todos.

Infunde no meu coração um raio de esperança, dai a todos a paz, a salvação e sede a nossa providência.

Santa Filomena, rogai por mim.

Glória ao Pai, ao Filho e ao Espírito Santo. Assim como era no princípio e por todos os séculos. Amém.

Vede quantas graças me são necessárias e não me abandoneis. Vós que sois poderosa junto de Deus, afastai de mim a tristeza e a desolação. Dai paz à minha alma, protegei-me nos perigos e livrai-me dos castigos do Senhor. Abençoai a minha casa, a minha família, os vossos fiéis devotos e alcançai-me a graça de que necessito (mencione a graça).

Gloriosa Santa Filomena, não me abandoneis e rogai por mim.

Glória ao Pai, ao Filho e ao Espírito Santo. Assim como era no princípio e por todos os séculos. Amém.

Pelos vossos sofrimentos, alcançai-me de Deus misericórdia (três vezes).

Cem dias de indulgência.

† *Fr. Miguel Carmelengo*
Bispo de Nola

Cordão e coroinha de Santa Filomena

Desde quando foi iniciada a devoção a Santa Filomena, o uso do seu cordão (na cintura) foi um dos meios pelos quais ela foi venerada e a sua proteção assegurada. O cordão é tecido com fios brancos e vermelhos, e não deve haver preponderância de cores: a branca simbolizando a virgindade; a vermelha, o martírio.

O uso do cordão popularizou-se facilmente porque foi o meio com o qual se alcançaram inúmeros milagres e milhares de curas.

É usado pelos doentes, pelos aflitos e pelos que se encontram em luta com tentações perigosas. Opera nestes casos admiráveis resultados. Sendo também verdadeira proteção contra males e acidentes de qualquer espécie.

O azeite que serve ou já serviu na lâmpada diante da imagem de Santa Filomena pode ser usado pelos doentes. Quem unta com ele os olhos recupera a vista, ou os membros que readquirem perdidas forças, ou os ouvidos que voltam a ouvir quando há fé e verdadeira devoção a Santa Filomena.

A coroinha de Santa Filomena é a forma mais eficiente de implorar a intercessão da gloriosa mártir. É formada de contas brancas e vermelhas que simbolizam a virgindade e o martírio. Na medalha, reza-se o Credo. Em cada uma das contas brancas, um Pai-nosso em honra da SS. Trindade, por cuja glória a mártir renunciou a vida. Em cada uma das contas vermelhas, uma Ave-Maria e uma invocação:

SANTA FILOMENA, POR VOSSO SANGUE DERRAMADO POR AMOR A JESUS CRISTO, ALCANÇAI-ME A GRAÇA QUE VOS PEÇO.

São 13 em homenagem aos 13 anos que ela viveu no mundo.

Finaliza com a

ORAÇÃO A SANTA FILOMENA

Ó gloriosa princesa da corte celestial Santa Filomena, prostrado diante de vós, rememorando as vossas virtudes e prodígios, minha alma engrandece ao Senhor que operou em vós tamanha maravilha de santidade.

Querida protetora, vinde em meu auxílio para conduzir-me pelos caminhos da virtude, para ser minha fortaleza em face do inimigo infernal, para me trazer do Coração de Jesus a riqueza dos auxílios divinos que são para esse vosso devoto a saúde, a paz do coração, a solução de minhas dificuldades, o bem-estar de minha família e o consolo em toda tribulação.

Milagrosa Santa Filomena, em vós confio! Amém.

† Delfim, bispo diocesano.

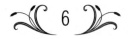

Ladainha de Santa Filomena

Senhor, tende piedade de nós.
Jesus Cristo, tende piedade de nós.
Jesus Cristo, atendei-nos.

Pai Celeste, que sois Deus, tende piedade de nós.
Filho de Deus, redentor do mundo, tende piedade de nós.
Espírito Santo, que sois Deus, tende piedade de nós.
Trindade Santa, que sois um só Deus, tende piedade de nós.

Santa Maria, rainha das virgens, rogai por nós.
Santa Filomena, virgem e mártir, rogai por nós.
Santa Filomena, cheia de abundantes graças desde o berço, rogai por nós.
Santa Filomena, fiel imitadora de Maria, rogai por nós.
Santa Filomena, modelo das virgens, rogai por nós.
Santa Filomena, templo da mais perfeita humildade, rogai por nós.
Santa Filomena, firme e intrépida em face de Deus, rogai por nós.
Santa Filomena, vítima por amor a Jesus, rogai por nós.

Santa Filomena, exemplo de força e de perseverança, rogai por nós.

Santa Filomena, atleta invencível da castidade, rogai por nós.

Santa Filomena, espelho das mais heroicas virtudes, rogai por nós.

Santa Filomena, firme e intrépida em face dos tormentos, rogai por nós.

Santa Filomena, flagelada como o vosso divino esposo, rogai por nós.

Santa Filomena, trespassada por uma saraivada de dardos, rogai por nós.

Santa Filomena, consolada pela Mãe de Deus quando aguilhoada, rogai por nós.

Santa Filomena, milagrosamente curada na prisão, rogai por nós.

Santa Filomena, amparada pelos anjos no meio dos tormentos, rogai por nós.

Santa Filomena, que preferistes as humilhações da morte aos esplendores do trono, rogai por nós.

Santa Filomena, que convertestes as testemunhas do vosso martírio, rogai por nós.

Santa Filomena, que cansastes o furor dos algozes, rogai por nós.

Santa Filomena, protetora dos inocentes, rogai por nós.

Santa Filomena, padroeira da juventude, rogai por nós.

Santa Filomena, asilo dos desgraçados, rogai por nós.

Santa Filomena, saúde dos doentes enfermos, rogai por nós.

Santa Filomena, que confundis a impiedade do século, rogai por nós.

Santa Filomena, cujo nome é glorioso no céu, rogai por nós.

Santa Filomena, ilustre pelos mais esplêndidos milagres, rogai por nós.

Santa Filomena, poderosa junto de Deus, rogai por nós.

Santa Filomena, que reinais na glória, rogai por nós.

Cordeiro de Deus, que tirais o pecado do mundo, perdoai-nos, Senhor.

Cordeiro de Deus, que tirais o pecado do mundo, ouvi-nos, Senhor.

Cordeiro de Deus, que tirais o pecado do mundo, tende piedade de nós, Senhor.

Rogai por nós Santa Filomena, para que sejamos dignos das promessas de Jesus Cristo.

Nós vos suplicamos, ó Pai nosso, em nome de Nosso Senhor Jesus Cristo, que nos concedais o perdão pelos nossos pecados, pela intercessão de Santa Filomena, virgem e mártir, que foi sempre agradável aos vossos olhos pela sua eminente castidade e pelo exercício de todas as virtudes.

Amém!